Como Criar e Educar Crianças
Como Mães e Pais Autistas

K. BRON JOHNSON

Edição original: Andrea Zanin

Arte de capa: Angela Weddle

Ano: 2021

Tradução e revisão: Debbie Bertelhe

Ano: 2022

SUMÁRIO

PREFÁCIO

Por Nancy Getty
https://www.aspergerrus.com/

Ninguém sabe o que é autismo. A história nos mostrou que indivíduos autistas foram celebrados e castigados pela sociedade, mas ainda seus mistérios continuam pendentes. Cada pessoa autista é um indivíduo que requer ser visto como um todo, para que possa ser guiado por suas dificuldades únicas e pontos fortes singulares para encontrar um lugar de aceitação e conforto em seu meio. Para saber que está seguro e que é valorizado como pessoa.

Kelly Bron Johnson desenvolveu um guia honesto para auxiliar pais, mães e membros da família que dividem suas vidas com um indivíduo autista. Este livro será muito útil para famílias que estejam buscando um caminho de descoberta e aceitação para alcançar um equilíbrio dentro da unidade familiar. Kelly toca em áreas de grande importância na vida de uma pessoa autista, por uma perspectiva autista em primeira mão que permitirá que você enxergue e experimente um ponto de vista que pode parecer estranho, mas é real para a pessoa autista.

INTRODUÇÃO

Nos últimos anos, vemos mais e mais mulheres diagnosticadas com autismo depois de seus filhos e filhas receberem o diagnóstico. Esse foi o meu caso. Nos últimos dez anos, a ciência descobriu que alguns traços autistas (algumas vezes compreendidos como um amplo fenótipo autista) aparecem em membros da mesma família. Outras vezes, o autismo parece aparecer do nada em algumas famílias. Percebi que essas últimas parecem ter mais dificuldades, então são elas que pretendo ajudar com este livro.

Minha geração, ou seja, pessoas que nasceram nos anos 1970 e 1980, cresceram em um sistema que não tinha um bom entendimento do autismo. Era visto como um "distúrbio masculino", então muitas garotas e mulheres não receberam o diagnóstico até a fase adulta. Em muitos casos, inclusive no meu, apenas chegamos a essa revelação após um de nossos filhos ou filhas ser diagnosticado ou diagnosticada. Recebi meu diagnóstico oficial de autismo quase dois anos após meu filho ser diagnosticado. Uma realização veio a mim, não apenas sobre a minha própria identidade, mas talvez também como uma explicação do porquê de ter me encontrado muito menos preocupada com o meu filho e seu desenvolvimento do que outros pais e mães que conheci se sentiam sobre seus filhos e filhas autistas. Apesar do meu filho ser majoritariamente não-verbal, senti que o entendia em um nível profundo e não estava preocupada se ele iria falar um dia ou não. Estava mais preocupada em garantir que ele estivesse feliz. Rejeitei as terapias tradicionais ofertadas, como a Análise de Comportamento Aplicada, e simplesmente respeitei seus interesses. Brinquei como ele brincava, tentei ver as coisas por sua perspectiva e fui descobrindo o progresso de sua infância como foi a minha. Fico feliz em dizer que, exceto por ser uma versão melhor e mais feliz de mim, sua infância progrediu como a minha, com uma identidade segura e com uma compreensão de seu autismo que eu não tive.

Com o meu próprio diagnóstico de autismo em mãos, adentrei o mundo da luta anticapacitista e me envolvi com vários grupos e pessoas dentro dela. Eventualmente me juntei ao conselho diretor da Autism Canada[1]. Por meio dessas interações, em sua maioria online pelo Twitter e Facebook, consegui me conectar com milhares de autistas do mundo todo.

Entre as pessoas mais próximas e conversando com autistas – incluindo especificamente pais e mães autistas –, percebi que compartilhávamos muitas técnicas e filosofias. Queria testar minhas teorias e ver se outros pais e mães autistas dividiam não apenas padrões de pensamento similares, mas também técnicas de criar e educar crianças. Acredito que nossos filhos e filhas, ambos aqueles que são autistas e os neurotípicos, beneficiam-se da experiência de pais e mães autistas na luta anticapacitista e em como vemos o mundo. Quando uma criança autista tem alguém em sua vida que a aceita e compreende, isso só pode resultar em coisas

---

[1] (N.T.: instituição que luta por apoio e direitos autistas no Canadá. Mais informações disponíveis no website oficial em inglês: <autismcanada.org>. Acesso em 17 de janeiro de 2022.)

boas, especificamente uma identidade segura, habilidades de autoafirmação e autoestima saudável.

Criei uma pesquisa informal pelo SurveyMonkey e a compartilhei em grupos da comunidade autista online. Usei em sua maioria questões abertas em que participantes escreviam suas respostas ao invés de selecionar opções pré-definidas para que pais e mães pudessem dividir o que pensavam ser seus pontos fortes e fracos. Como suspeitava, padrões e temas repetidos apareceram claramente, e os compartilho por meio deste livro. Quero compartilhar as semelhanças em como autistas performam a maternidade e paternidade porque acredito que nossos métodos e a forma com que entendemos profundamente a experiência autista levará a crianças autistas mais felizes.

Se você não tem certeza de que compreende o que seu filho ou filha autista está passando, ou se quer abordar sua criação de uma maneira que realmente respeite suas necessidades, este livro está aqui para lhe guiar em como ser pai ou mãe como uma pessoa autista. Isso lhe auxiliará a criar filhos e filhas mais felizes e ambientados que serão adultos autistas incríveis.

UMA NOTA SOBRE A LINGUAGEM[2]: uso as palavras "autista" (ambos para denotar pessoas ou a cultura autista) e "deficiente" como descritores e como parte da minha identidade. São usadas com orgulho. Não há vergonha em ser autista ou deficiente, não mais do que em ser mulher, preta, canhota ou loira. Assim como a minha raça e o fato de que não posso mudar a cor da minha pele, não posso mudar meu cérebro. Nasci desta forma. Assim, não me refiro a mim mesma como uma "pessoa com autismo", assim como não me referiria a mim mesma como "pessoa com negritude" [, ou ainda "pessoa com deficiência"]. Não é uma condição separada de mim como pessoa, da forma como algumas expressões podem dar a entender. Não posso pegar o meu autismo e colocar de lado quando é conveniente; está comigo o tempo todo e muda a forma que vejo o mundo. Também cria alguns desafios para mim, uma vez que vivemos em um mundo que não foi feito para pessoas autistas e deficientes. Quero refletir essas questões na linguagem que utilizo.

---

[2] (N.T.: mantida por ser também aplicável às escolhas de tradução.)

NÃO SE PREOCUPE COM COISAS PEQUENAS

Se há algo que nós, pais e mães autistas, temos em comum, é a habilidade de não nos preocupar com coisas pequenas. Deixamos passar muitos comportamentos como erros e atos desastrados normais da infância. Talvez porque autistas geralmente têm um diagnóstico justaposto de dispraxia (também conhecido como Transtorno Específico do Desenvolvimento Motor, é um transtorno comum do desenvolvimento que afeta a coordenação motora fina ou grossa), com frequência estamos acostumados com nós mesmos sermos desastrados. Quando nossos filhos ou filhas derrubam o leite, tropeçam nos próprios pés, ou apenas quebram algo por acidente, não nos intimida. Sabemos que não podem controlar isso porque nós mesmos não conseguimos. Sabemos que melhora um pouco com a idade, mas, enquanto crianças, passamos um bom tempo se engasgando com ar, caindo de escadas e acidentalmente esmagando as borboletas que pegamos nas mãos.

Mesmo que você tenha uma criança em casa que quebra tudo o que toca no minuto em que toca, não há premissa maliciosa nisso. Confie em nós sobre isso. A criança pode ser muito curiosa para saber o que tem dentro de algo, mas não tem intenção de quebrar objetos ou deixar você triste.

Uma coisa que fazia quando criança era dar nós em tudo. Destruía as coisas, mas também dava nós em todos os cadarços e fios que tinha em mãos. Não cresci com brinquedos sensoriais[3], então isso era o que fazia. Eventualmente, depois de brigarem comigo o suficiente, eu parei, mas na realidade não deveria ter sido grande coisa, como me fizeram acreditar que era. Meu pai e minha mãe eventualmente compraram apenas sapatos com velcro para mim, mas algumas alternativas melhores e mais seguras que poderiam ter sido boas substituições para as minhas necessidades, para

____

[3] (N.T.: a autora usa como exemplos os *tangle toys*, ou brinquedos de dar nó, e *spinners*, os populares brinquedos giratórios.)

manter minhas mãos ocupadas, poderiam ser pulseirinhas dobráveis ou pedaços de argila modelável. Outra coisa que poderia ter ocupado ambas as mãos e a mente seria um livro sobre como fazer diferentes tipos de nós e uma corda para praticá-los.

Vi pais e mães comprarem eletrodomésticos usados ou quebrados para que seus filhos e filhas pudessem desmontá-los ou consertá-los. Conheço mais de um autista obcecado por aspiradores de pó. Sei de um homem autista que ama montar mobília de lojas como a Tok&Stok, agora ele ganha a vida fazendo isso. O meu ponto é que esses tipos de hobbies, interesses e atividades são, em grande parte, inofensivos, então não vale a pena colocar muita energia em se preocupar com eles ou em impedir que alguém os aproveite. É até recomendável que os encoraje.

Pais e mães autistas são mais propícios a deixar que as crianças explorem o mundo com todos os seus sentidos – esguichando as coisas, passando areia pelas mãos, lambendo ou cheirando coisas, encarando luzes ou água corrente, não olhando por onde andam. Como pai ou mãe, você deve tentar estar um passo a frente de seus filhos e filhas para mantê-los seguros enquanto estão totalmente imersos em seus próprios mundos, aproveitando as sensações. Você pode os acompanhar. Tente ver as coisas pelas perspectivas deles e não se preocupe se são diferentes da sua. Se uma atividade não os está machucando ou a outras crianças, deixe-a acontecer.

CADA UM COM SUAS HABILIDADES, DO SEU PRÓPRIO JEITO, EM SEU PRÓPRIO TEMPO

Um pouco antes do meu filho completar dois anos de idade, um médico perguntou se ele estava utilizando garfos e colheres para comer. Disse que não. Ele me disse que "se uma criança não aprende como usar um garfo antes de fazer dois anos, nunca aprenderá".

Meu filho estava correndo o grande perigo de nunca conseguir comer de garfo! Esqueça que a maior parte do mundo não usa garfos para comer, a maioria usa hashi ou as mãos. Mas, se, digamos, meu filho simplesmente nunca aprendesse, isso seria o fim do mundo? Se você um dia estiver em um lugar sem garfos, você simplesmente encarará seu prato e pensará em como transportar a comida até sua boca? Você morreria de fome pela falta de garfos?

Há também várias pessoas que aprendem a usar hashi depois de adultas. Certamente a mesma janela de oportunidade se aplica para o desenvolvimento das habilidades de uso de garfo.

O mesmo ocorre com o uso do vaso sanitário. Muitos pais e mães são especialmente preocupados com o fato de seus filhos e filhas autistas não aprenderem a usar o vaso sanitário. Adivinhe? Alguns não aprendem. Eles ainda assim conseguem viver vidas incríveis, até mesmo ir para a universidade e manter empregos. Você se surpreenderia em saber o número de adultos deficientes ou não que usam fraldas ou absorventes de incontinência. Conheço muitas mulheres que reclamam que urinam um pouco quando espirram ou riem, e muitas pessoas que não "confiam em seus peidos".

Semelhantemente a não se preocupar com coisas pequenas, é importante entender que seu filho ou filha seguirá seu próprio caminho e alcançará os assim-chamados marcos do desenvolvimento no seu momento – ou não alcançará. Tente achar uma forma de lidar com isso.

Pais e mães autistas sabem por sua própria experiência que nosso tempo de desenvolvimento varia muito da norma neurotípica, então não educamos as crianças no mesmo medo dos pais e mães neurotípicos. Sabemos que nossos filhos e filhas chegarão onde tiverem que chegar em seu próprio tempo.

É assim que se cria crianças como pais e mães autistas. Autistas são muito mais que uma lista de marcos de desenvolvimento e habilidades. Essa lista não é o que faz uma vida feliz, e ela não é um referencial de medida do quão inteligente uma pessoa é, ou do que pode oferecer ao mundo.

Sejamos honestos – tenho nada contra criminosos, mas há muitas pessoas encarceradas que alcançaram seus marcos de desenvolvimento no tempo perfeito. Quanto valor você realmente quer atribuir ao progresso baseado em idade dos marcadores neurotípicos?

QUANDO NECESSIDADES SENSORIAIS ENTRAM EM CONFLITO

Em um lar híbrido de autistas e neurotípicos, você precisará equilibrar necessidades de acomodação diferentes. Não vou amaciar a questão: às vezes isso é muito desafiador. Até mesmo em lares majoritariamente autistas, tentar atender às necessidades daqueles que são sensorialmente sensíveis (aqueles cujos sistemas sensoriais não favorecem muitos estímulos sensoriais e evitam barulhos altos ou inesperados, toque, cócegas, alguns tecidos) e dos que buscam estímulos sensoriais (aqueles que necessitam de muitos estímulos sensoriais, favorecendo toque, sensações corporais intensas, comidas apimentadas, barulhos altos e constantes) precisará de criatividade.

Você deve ter uma pessoa extrovertida na família que ama sair de casa e gosta de estar com grandes grupos de pessoas, e deve ter uma mais caseira que quer paz e silêncio. Para pais e mães autistas, nossos sistemas sensoriais sensíveis significa que precisamos acomodar ambas as nossas necessidades e as dos nossos filhos e filhas quando estamos cuidando das crianças. Os pais e mães autistas que responderam a pesquisa concordam que esse é de longe o aspecto mais desafiador de cuidar de crianças.

Seu filho ou filha talvez tenha comportamentos relacionados à ecolalia (repetição de sons) que podem ser irritantes, você sendo autista ou não. Meu filho zumbe, pula e se sacode. Pode ser cansativo ouvir um zumbido constante. Ele para apenas quando dorme, e sabemos o minuto exato em que acorda. Ao mesmo tempo, quando o escuto, sei que está feliz. Quando ele está em dia de folga, longe de mim, sinto falta do barulho. Gostaria de ter uma solução incrível para dizer exatamente o que fazer quanto a isso, mas não tenho.

No meu caso, encaro os movimentos autorregulatórios (repetitivos) do meu filho de forma positiva. Ele está feliz quando os faz, então tento me alegrar com a sua felicidade e tento me contentar com o fato de que ele se sente seguro ao fazê-los perto de mim, do meu parceiro, ou de nosso outro filho. Aproveitando o assunto, a sociedade geralmente reprime o que é considerado "comportamentos estranhos", como se sacudir, zumbir, balançar-se, ou outros comportamentos autistas comuns, e locais educacionais ou terapêuticos com frequência buscam erradicar os movimentos autorregulatórios. Sinto que eles são naturais e confortáveis e não deveriam ser erradicados. Uma pessoa autista pode tentar se reprimir para se encaixar socialmente, o que geralmente leva a sentimentos de vergonha. Prefiro muito mais que meu filho se sinta confortável em ser quem ele é. Nosso lar deveria ser um santuário, livre de julgamentos externos.

Conversei com muitos pais e mães autistas que são, por exemplo, sensorialmente sensíveis, mas têm filhos e filhas que têm necessidade de estímulos sensoriais. Pais e mães autistas às vezes saem de sua zona de conforto, referindo-se a estímulos sensoriais, para prover à criança suas necessidades. Seja você autista ou não, não defendo um autossacrifício generalizado ao cuidar de crianças, mas entenda que alguns aspectos do cuidado e educação podem estar além da sua zona de conforto, ao menos de tempos em tempos.

Como pais e mães, todos e todas precisamos regular nossos sentimentos e questões sensoriais todos os dias, tirando um tempo para nós mesmos e nos preparando primeiro. Todos e todas, pais e mães, devem priorizar o autocuidado, mas isso é especialmente importante para famílias que têm membros que necessitam de atenção maior. Problema em lidar com barulhos é provavelmente a reclamação número um que ouço de pais e mães autistas. Quando meu primeiro filho nasceu, ser acordada inesperadamente no meio da noite com seus gritos foi inicialmente tão perturbador que me sentia fisicamente enjoada. Alguns pais e mães podem usar fones de ouvido com cancelamento de ruído ativo em suas casas.

Aprender como se autorregular emocional e sensorialmente deve ser uma prioridade. Isso é uma habilidade que pode ser aprendida ao longo da vida, mas que muitos de nós não aprendeu de forma adequada quando criança. Se você se encontra sem paciência, pode buscar um psicoterapeuta treinado para que possa lhe ajudar a aprender essas habilidades ou a adicionar novas ferramentas que lhe auxiliem a lidar com essa situação. Uma vez que você aprende essas habilidades, pode ajudar seu filho ou filha a aprendê-las também. O ponto é que, quanto às acomodações, o ônus é sempre dos pais e mães, e não deveria ser posto nas crianças.

Pais e mães autistas geralmente sabem que não podem mudar seus filhos e filhas, tornando crianças que precisam de estímulos sensoriais em crianças sensorialmente sensíveis para sua conveniência. Você deve elaborar maneiras criativas de cuidar da criança sem tentar mudá-la.

SIM, SOMOS
MESMO SEM NOÇÃO

Como você pode fazer isso?
Por que você faria isso?
Ele realmente fez isso?
Ela disse isso?
Eu sei que ela sabe que não
deve fazer isso!

Autistas ouvem essas coisas mais vezes do que queremos admitir. Especialmente quando consideramos que podemos ter sucesso na escola ou no trabalho, pode ser difícil de compreender como podemos não ter noção ou ser "desinteligentes" em outras áreas de nossas vidas, mas o conceito de "ele já deveria saber que não deve fazer ou dizer isso" infelizmente não se aplica a muitos autistas adultos.

Porque o autismo é um transtorno do desenvolvimento, o aprendizado de uma pessoa autista e seu desenvolvimento de habilidades muitas vezes não são equivalentes e nossa falta de noção no âmbito social significa que não entendemos muitos comportamentos que neurotípicos compreendem quase que inconscientemente. Ao menos que nos mostrem explicitamente o que fazer ou dizer, ou o que algo quer dizer, honestamente não sabemos.

Com isso em mente, é importante usar uma linguagem clara quando ensinando algo à criança autista. Mesmo que você tenha um filho ou filha que é muito inteligente e que saiba todas as capitais mundiais, você deve mostrá-los como abrir a porta para alguém e praticar com eles, explicando por que segurar a porta para outra pessoa é um gesto legal, tudo em mínimos detalhes.

Eu verdadeiramente acredito que, quando uma pessoa pode fazer melhor, ela faz melhor. Quando seu filho ou filha comete uma gafe social, diz algo muito ríspido, ou abaixa as calças na mesa de jantar, você tem que lhe dar o benefício da dúvida. Eles não estão tentando ser difíceis. Eles não estão tentando envergonhar alguém. Eles não o fazem por atenção (mesmo que há nada de errado com isso também) e certamente não sabem que não devem fazer isso.

Autistas são extremamente sensíveis e tentamos agradar as pessoas. Queremos acertar. Nós não superamos quando cometemos um erro queremos sempre remediá-lo. Não os esquecemos, e às vezes eles se repetem em nossas mentes por anos.

Crianças autistas querem desesperadamente deixar seus pais e mães orgulhosos. Não seja alguém que as faça sentir envergonhadas, ou deixe sua cara de desapontado ou desapontada gravada em sua memória.

NÃO JULGUE UM LIVRO PELA CAPA

Autistas em geral são as pessoas mais livres de julgamentos que você vai conhecer. Não há muito que nos intimide e, talvez porque nossa tendência é não se preocupar com normas de gênero ou orientação sexual, somos comumente muito abertos ao espectro de sexualidades e gêneros. Grande parte de autistas expressam uma variação de gênero ou se identificam como transgênero. Prepare-se para a possibilidade de que seu filho ou filha autista não seja cisgênero (ou seja, não se identifique com o sexo atribuído ao nascer) ou hetero.

Também fazemos amizades em diferentes faixas etárias e raças e classes sociais sem pensar muito sobre isso. Seu filho ou filha autista, a não ser que receba essa mensagem de você ou da sociedade externa, crescerá sem julgar as pessoas por sua aparência ou por suas diferenças. Como adultos, tendemos a encontrar aceitação em outros "marginalizados" e fazer amizades com uma grande variedade de pessoas, dentro de uma variedade de faixas etárias. Além disso, como pais e mães, tendemos a automaticamente aceitar nossos filhos e filhas por quem são, exatamente como são.

Se você quer educar crianças como pais e mães autistas, você precisa manter a mente aberta e aceitar a pessoa que seu filho ou filha está se tornando ao crescer. Também é de grande ajuda quando você fornece o vocabulário que precisam para descrever como eles se sentem e a grande variedade de pessoas que encontrarão por suas vidas. Converse abertamente com eles sobre identidade de gênero, sexualidade, diferentes tipos de famílias, diferentes religiões e raças.

Um tema comum que apareceu na minha pesquisa com pais e mães autistas foi que todos relatam relações muito próximas com seus filhos e filhas e afirmam conseguir falar abertamente sobre qualquer assunto. Nossas crianças sabem que podem contar conosco para falar sobre qualquer assunto e não serem julgadas. Nossa tendência natural para a honestidade e sinceridade também significa que não amaciamos o que dizemos. Tendemos a permitir que as crianças tenham mais agência e autonomia corporal (dentro de limites em acordo com a sua idade) e envolvê-las em quaisquer discussões que as afetarão no futuro. Por exemplo, expliquei todas as avaliações e relatórios psicológicos do meu filho para ele em linguagem clara para que pudesse compreender seu diagnóstico, e ele está envolvido em todas as reuniões de Plano Educacional Individualizado.

Mais do que pais e mães neurotípicos, autistas dão muita liberdade e controle às crianças, e isso gera uma relação de confiança, respeito e sinceridade. Como pais e mães neurotípicos, ter abordagens similares ajuda a cultivar uma relação harmoniosa com seus filhos e filhas.

SOMOS CRIATURAS DE HÁBITO

A rotina é importante para a maioria dos autistas. Crianças autistas são frequentemente vistas como rígidas e podem ter surtos quando encaram qualquer mudança em sua rotina. Essa reação pode ser bem desafiadora para pais e mães, e já ouvi alguns neurotípicos dizerem que sentem como se estivessem à mercê de seus filhos e filhas autistas. Até certo ponto, isso é uma verdade absoluta, mas é também temporário. Prometo que seus filhos ou filhas irão se tornar menos rígidos com o tempo.

Autista ou não, penso que valorizamos o fato de que somos todas e todos criaturas de hábito. Sem conhecer você, posso quase garantir que prefere comprar sempre a mesma marca de café ou de pasta de dente, fazer o mesmo caminho para o trabalho todos os dias, ir aos mesmos restaurantes repetidamente e pedir "o de sempre". Escrevendo isso agora, sete meses adentro da pandemia do coronavírus de 2020, assisti como as pessoas tiveram dificuldades em lidar com a interrupção de suas rotinas diárias e não poderem ir ao trabalho ou às compras como costumavam fazer. Do dia para a noite, as pessoas se tornaram indiferentes e perdidas, deixando de tomar banho ou trocar de roupa, ficando em casa com suas calças confortáveis de academia ou em seus pijamas. Quando o mundo está caótico, nós nos agarramos às e dependemos de nossas rotinas para nos dar um chão e fazer com que possamos nos sentir seguros.

Os cérebros de autistas não têm os filtros sensoriais que neurotípicos têm. Também não temos a habilidade de fazer boas previsões de ações ou comportamentos de outras pessoas. Para uma criança autista (e para muitos adultos), o mundo é sempre caótico. Se você encontrou dificuldades no início da pandemia com a perda repentina de sua rotina, foi um gostinho do que autistas passam cotidianamente.

A forma de ajudar autistas a se sentirem seguros e ao se tornarem menos rígidos é, na realidade, não forçá-los. Se você continuar a rotina e criar um ambiente seguro para a criança, ela começará a assumir pequenos riscos e experimentar pequenas mudanças em sua rotina, como por exemplo ao experimentar comidas diferentes. Posso imaginar muitos pais e mães neurotípicos balançando suas cabeças em descrédito com essa sugestão, mas podem confiar em mim. Mantenha as comidas e rotinas familiares – sem julgamentos, reclamações, suspiros ou gritos – e um dia seu filho ou filha irá lhe surpreender.

Quando criança, fiz tudo no meu tempo, quando estava pronta para fazer. Não me atrevi a experimentar comidas diferentes até conhecer meu marido, aos 19 anos. Ele nunca me julgou, apenas regularmente me oferecia uma mordida do que estava comendo. Ele nunca me disse "meu deus, você nunca provou isso?", ou "você não gosta disso? O que tem de errado com você?". Sem pressão, ele apenas me ofereceu uma chance de tentar, e foi só isso. Seguro e simples. Funcionou para mim e a mesma abordagem funciona no meu filho. Reduza a pressão e as exigências externas, e a criança sairá de sua concha protetora.

Pais e mães autistas prosperam nas rotinas. Precisamos para nós mesmos – para nos manter presentes, focados e organizados – e gerimos nossos lares com precisão militar. Todas as crianças prosperam com rotinas e lembretes visuais, mas crianças neurodivergentes especialmente. Previsivelmente as mantêm menos ansiosas, o que resulta em menos surtos e "comportamentos problemáticos".

Crie um ambiente seguro para seus filhos e filhas enquanto precisarem e prometo que os verá florescer. Todos e todas passamos por mudanças com o tempo, inclusive crianças autistas, e não é saudável tentar forçá-las a mudar mais rápido por vergonha ou sob coerção, ou colocando-as em situações que geram ansiedade. Não defendo "terapia por exposição" (colocar pessoas em situações de estresse para que períodos prolongados as dessensibilizem) e não encorajo terapia alimentar que resida em comer o que não gostamos. Quando a criança sabe que você irá validar seus sentimentos e experiências do mundo e protegê-la do que a intimida, é mais suscetível a ter coragem para testar novas experiências e descobrir ela mesma que o mundo não é tão aterrorizante.

VERDADEIRAMENTE NÃO NOS IMPORTAMOS COM O QUE VOCÊ PENSA

Talvez porque não nos damos conta de deixas sociais tão rápida ou facilmente quanto neurotípicos, quando conseguimos compreendê-las, geralmente não só não nos conformamos às normas e não somos tão suscetíveis a pressões de grupo, mas também não nos importamos com o que os outros pensam sobre nós. Então, quando um pai ou uma mãe autista está em público com uma criança autista que está zumbindo e se sacudindo e as pessoas estão olhando, continuamos nossas atividades sem nos incomodarmos. No meu caso, se percebo que alguém está olhando para o meu filho quando está fazendo algum movimento autorregulatório, faço junto com ele. Então, se havia uma pessoa incomodando, bem, agora há duas!

Quando as crianças têm surtos em público, nossa atenção vai integralmente ao cuidado das crianças. Ignoramos os olhares feios e comentários ignorantes. Ou, ainda, não estarmos preocupados com a conformidade ou o decoro significa que podemos dizer rápida e rispidamente o que as pessoas podem ir fazer enquanto focamos em deixar nossos filhos e filhas seguros.

Como pai ou mãe, sua prioridade deveria ser ajudar seu filho ou filha. Então, se há uma habilidade que você desenvolve enquanto tenta cuidar das crianças como mães e pais autistas, que seja a habilidade de deixar as negatividades alheias de pessoas ignorantes de lado. Continue a conduzir sua família na sua própria batida. Não perca sua energia com estranhos. Foque no seu filho ou na sua filha. Afinal, você vê-los sorrir ou ter aquele momento especial de reconhecimento que só você entende vale a pena, não é mesmo?

COMPORTAMENTO É COMUNICAÇÃO

"Comportamento é comunicação" é a frase que está vagarosamente se popularizando em ambientes educacionais e terapêuticos. A premissa é que é importante entender os motivos pelos quais alguém está fazendo algo, especialmente quando esse alguém não consegue expressar tais motivos em palavras.

Compreendemos que, às vezes, agressividade ou comportamentos repetitivos na realidade se originam da dor que um indivíduo sente se lhes falta um meio para expressar essa dor. Enquanto autistas geralmente não têm métodos adequados para se comunicar (língua falada, língua de sinais ou comunicação argumentativa), até pessoas que têm métodos de comunicação podem agir para manifestar seus sentimentos. Isso ocorre simplesmente porque a interocepção da pessoa (sua habilidade de perceber o que acontece dentro de seu corpo) não está completamente desenvolvida, ou seu sistema sensorial está em estado desregulado.

Por exemplo, para autistas, pode ser difícil localizar dor em nossos corpos. Talvez saibamos que nosso estômago está doendo, mas não podemos dizer onde exatamente está a dor. Eu particularmente não tinha a habilidade de sentir pontadas de fome até os 13 anos e, quando senti, foi uma surpresa para mim porque inicialmente não sabia o que era aquilo. Nem ao menos percebi que tinha enxaquecas até a fase adulta, apesar de sofrer com elas por muitos anos. Às vezes, autistas sentem dor, mas meio que ignoram e continuam suas vidas.

Levei essas lições para a forma com que cuido e educo meus filhos. Antes que meu filho pudesse falar, eu me tornei a "Doutora Mãe" e comprei um estetoscópio (para ouvir batimentos cardíacos e respiração), osteoscópio (para olhar dentro das orelhas, narinas e garganta), medidor de glicose (para medir níveis de açúcar no sangue) e oxímetro (para medir níveis de oxigênio no sangue). Aprendi que, quando meu filho tem febre, ele se torna muito sociável, falante e toca nas coisas e pessoas mais do que o normal – todas características muito diferentes da sua personalidade. Quando se sente enjoado, ele me pede que sente perto dele. Quando se fecha completamente e começa a se esconder, sei que está com alguma dor e às vezes é apenas um corte pequeno no dedo. Em resumo, pais e mães de crianças autistas precisam estar em sintonia com seus comportamentos e observar quando algo parece não estar certo ou normal.

Se seu filho ou filha está agindo diferente, procure sinais de desconforto. Na hora do banho, procure cortes e hematomas. Procure pequenos fios ou cabelos que podem ter se prendido em dedos ou na pele. Recomendo que essa verificação seja diária – especialmente se a criança não tiver padrões confiáveis de comunicação verbal, mas também se tiverem. Esse tipo de checagem é especialmente importante se elas vão para a escola ou creche e você não sabe o que acontece com elas durante o dia. Você também pode tentar usar pictogramas ou pedir que façam desenhos para que você possa se comunicar com elas.

Alguns autistas batem em suas cabeças quando têm dor de cabeça, ou rangem os dentes quando têm dores de dente ou na boca em geral. O que pode parecer um movimento autorregulatório pode, na verdade, ser uma expressão de dor física. Alguns terapeutas sugerem que haja a contenção desses movimentos, sem perceber que, se fosse resolvido o problema que causa dor, o movimento não seria mais necessário.

O que quero ressaltar com tudo isso é que todo comportamento no qual uma pessoa autista se engaja tem uma boa razão. Não agimos maliciosamente – isso geralmente não é do nosso caráter e não é um traço diagnóstico de autismo. Somos mais sujeitos a comportamentos danosos autoinfligidos (bater a cabeça, morder-se) pela frustração de não poder expressar nossas necessidades.

Confie que, se seu filho ou filha está demonstrando comportamentos problemáticos, ele ou ela está tentando comunicar algo e não cabe uma resposta punitiva. Além disso, provavelmente nenhuma quantidade de terapia poderá parar tais comportamentos sem descobrir sua causa – mas algumas abordagens podem forçar a supressão do comportamento, assim privando que se tenha as informações necessárias para manter a criança saudável e segura.

CONCLUSÃO

Se você é um pai ou uma mãe neurotípica que investiu seu tempo para ler este livro e está disposto ou disposta a aprender com adultos autistas, já está demonstrando que quer o melhor para seu filho ou filha. Isso é incrível! Tenha um momento para se dar conta disso. Muitos de nós, autistas já adultos, gostaríamos de ter sido criados dessa forma, com amor e aceitação. Por autistas adultos de todos os lugares, eu agradeço o que estão fazendo e desejo à sua família felicidade e saúde.

SOBRE A AUTORA

Kelly Bron Johnson é autista e ativista, nascida, criada e residente de Montreal, no Canadá. É a fundadora da Completely Inclusive, um empreendimento social que oferece consultoria focada em inclusão e acessibilidade no ambiente de trabalho. Ela e seu companheiro estão criando dois garotos neurodivergentes. Este livro, assim como todo o seu trabalho, é dedicado a ajudar na criação de uma sociedade verdadeiramente inclusiva, em que todos e todas possam se sentir livres para ser versões autênticas de si mesmos e contribuir da melhor forma possível.